Obra em conformidade ao NOVO ACORDO da Língua Portuguesa

© 2012 texto Moreira de Acopiara
ilustrações Luciano Tasso

© Direitos de publicação
CORTEZ EDITORA
Rua Monte Alegre, 1074 – Perdizes
05014-001 – São Paulo – SP
Tel.: (11) 3864-0111 Fax: (11) 3864-4290
cortez@cortezeditora.com.br
www.cortezeditora.com.br

Direção
José Xavier Cortez

Editor
Amir Piedade

Preparação
Alessandra Biral

Revisão
Alessandra Biral
Auricelia Lima Souza
Gabriel Maretti

Edição de Arte
Mauricio Rindeika Seolin

Impressão
EGB – Editora Gráfica Bernardi

Dados Internacionais de Catalogação na Publicação (CIP)
(Câmara Brasileira do Livro, SP, Brasil)

Acopiara, Moreira de
   O que é cultura popular? / Moreira de Acopiara; ilustrações Luciano Tasso. – 1. ed. – São Paulo: Cortez, 2012.

   ISBN 978-85-249-1968-8

   1. Cultura popular – Literatura infantojuvenil I. Tasso, Luciano. II. Título.

12-09813   CDD-028.5

Índices para catálogo sistemático:

1. Cultura popular: Literatura infantil   028.5
2. Cultura popular: Literatura infantojuvenil   028.5

Impresso no Brasil – novembro de 2024

Moreira de Acopiara

O que é
CULTURA POPULAR?

Luciano Tasso
Ilustrações

1ª edição
3ª reimpressão

CORTEZ
EDITORA

Certa vez um professor
Me disse: – Caro Moreira,
Escreva um cordel que fale
Da cultura brasileira!
Aí eu respondi: – Isso
Pra mim vai ser brincadeira.

Brincadeira porque vivo
De cultura popular,
Que é cultura brasileira
E ninguém pode negar.
Se você não tem costume,
Trate de se acostumar.

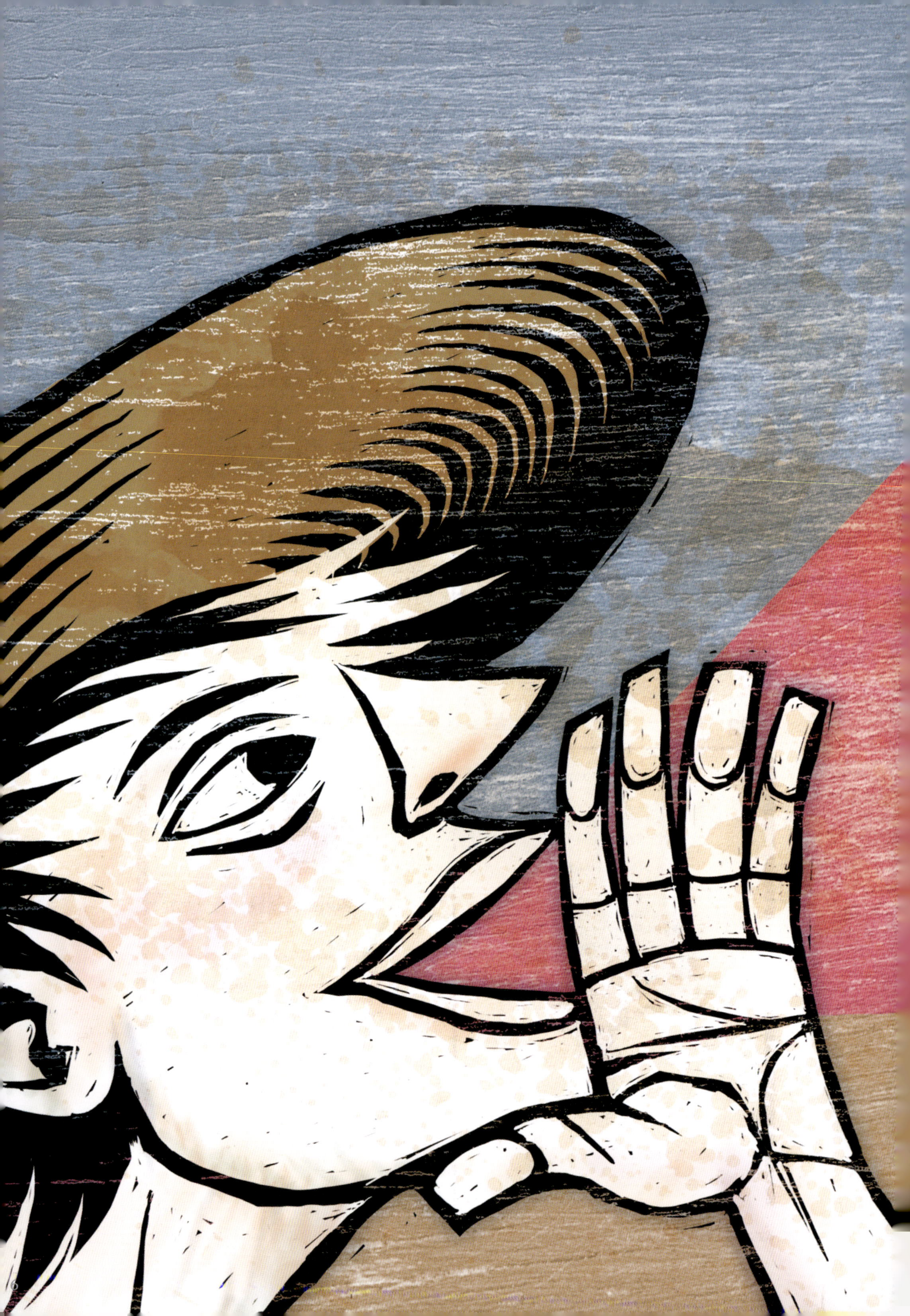

Repare que este cordel
Foi todinho elaborado
Com linguagem muito simples,
Bem medido e bem rimado.
É cultura brasileira!
É só olhar com cuidado.

Mas eu mencionei cordel
Só para dar um exemplo.
Agora contemple as coisas
Ao redor, como eu contemplo,
Desde a mais tosca cabana
Ao mais suntuoso templo!...

Em tudo você vai ver
Uma dose de cultura;
Nas roupas que nós vestimos,
Na nossa literatura...
Os cocos e as emboladas
São a cultura mais pura.

O carnaval do Brasil,
O pagode, a gafieira,
O maracatu, as rezas,
Os cantadores na feira,
Jangadeiros... Tudo isso
É cultura brasileira.

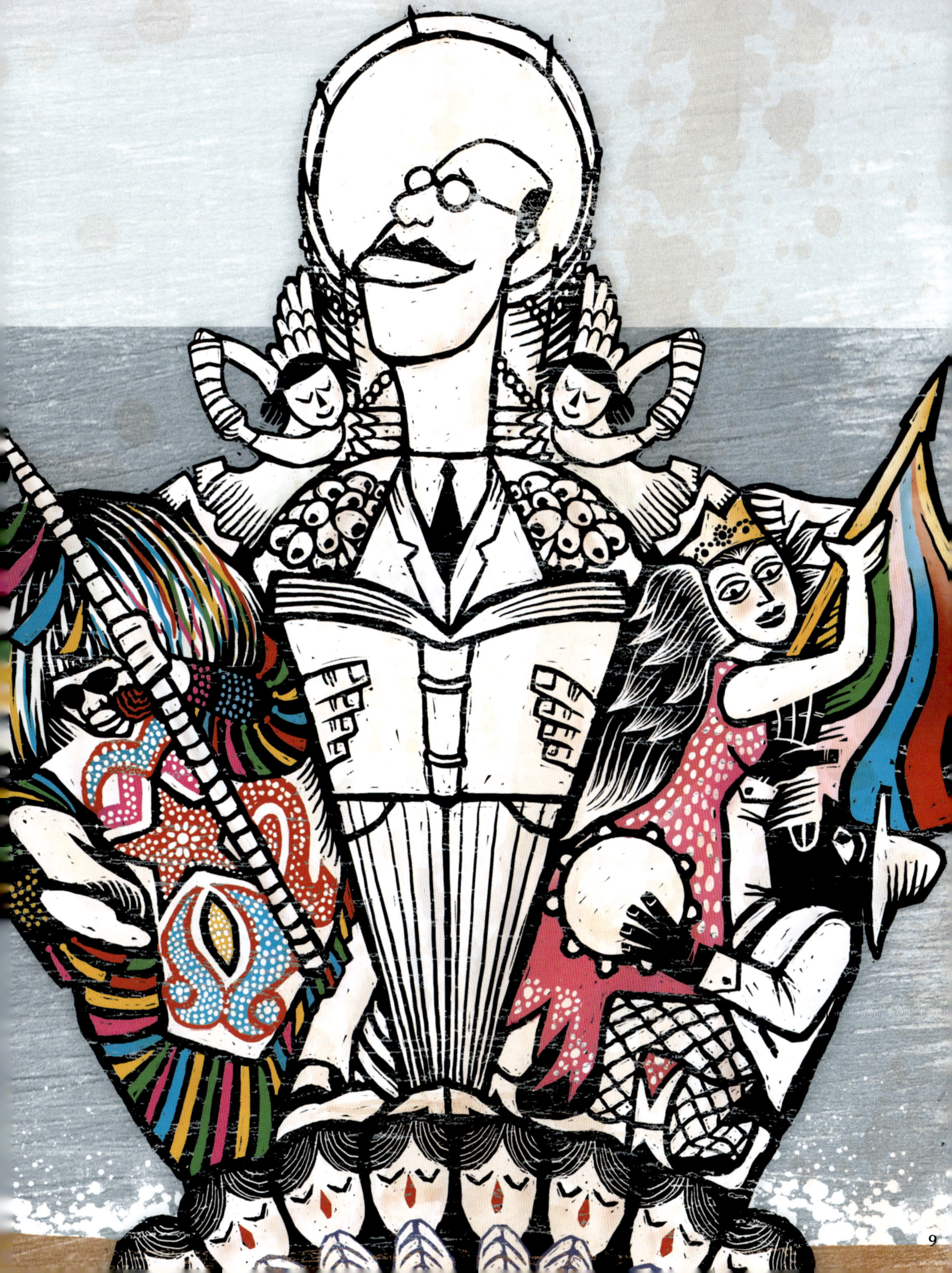

Um vaqueiro nordestino
Que aboia chamando a rês,
As novenas, as fogueiras,
As festas dos Santos Reis...
Isso é cultura também,
Já disse e digo outra vez.

O bumba meu boi do Norte,
Que há muito crescendo vem,
E o Círio de Nazaré,
Na região de Belém,
São culturas populares
Que valores também têm.

Na região da Bahia
A gente tem candomblé.
É a cultura dos negros
Expressando a sua fé.
É rito vindo da África,
Mas cultura também é.

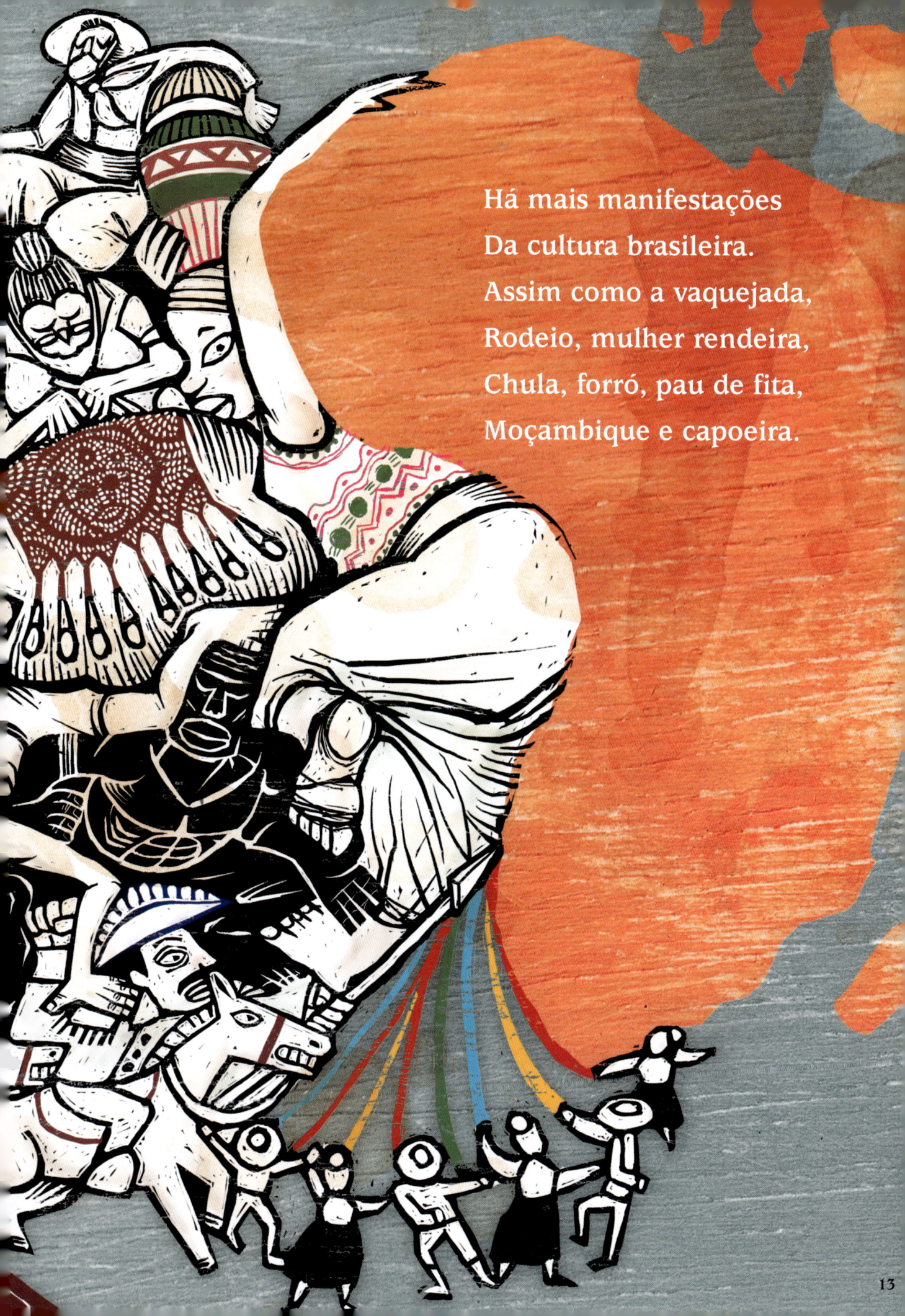

Há mais manifestações
Da cultura brasileira.
Assim como a vaquejada,
Rodeio, mulher rendeira,
Chula, forró, pau de fita,
Moçambique e capoeira.

E a matuta analfabeta
Com vestidinho de chita,
Velha, gorda e desdentada,
Na hora em que ela se agita
Pra se expressar com seus gestos,
Já viu coisa mais bonita?

Pois você saiba que isso
É folclore brasileiro.
Sendo folclore é cultura
E traz a cor e o cheiro
Do povo que faz história,
Rindo, com ou sem dinheiro.

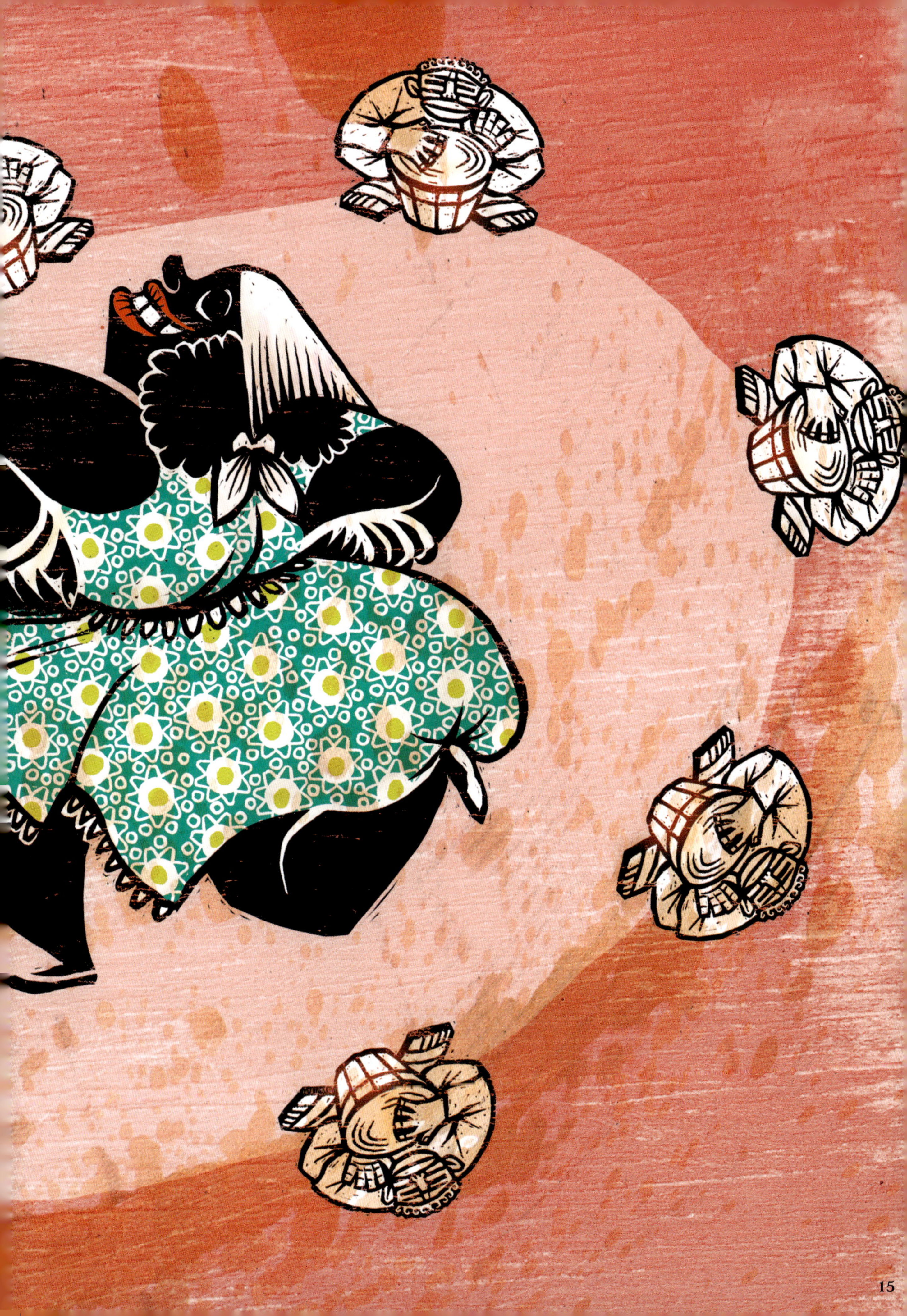

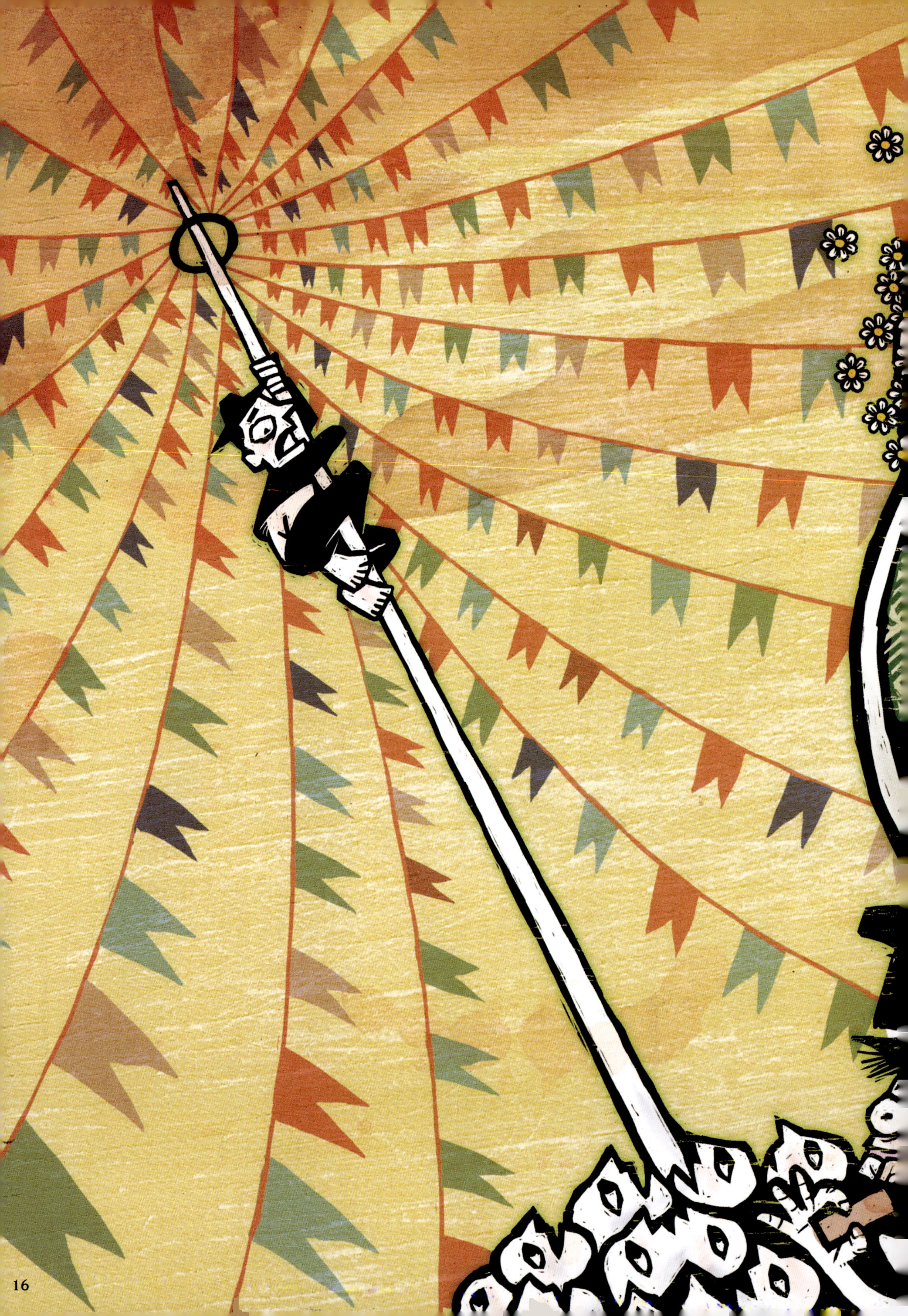

Para completar, cultura
É algo bem natural.
São lendas, crenças de um povo,
Riqueza escrita ou oral.
São histórias, são costumes,
É progresso social.

Gaiola, fojo, arapuca,
Violão, xilogravura,
Pau de sebo, cururu,
Chimarrão e rapadura,
Pastoril e marujada,
Mamulengo e escultura.

Um poema declamado,
Perneira, chapéu, gibão,
Catira, santo de barro,
Pescaria e procissão,
História de boto, bruxa,
Xote, xaxado e baião.

Um forno assando beiju
Em noite de farinhada,
Cavalo-marinho, jongo,
Os caretas, a congada,
As cantigas de ninar,
Argolinha e cavalhada.

Saci-pererê, sereia,
Botija, briga de galo,
Banho de rio, vaqueiro,
A dança de São Gonçalo,
A debulha de feijão
E a corrida de cavalo.

Nós encontramos cultura
Nos palácios, nos galpões,
Nos sítios e nas fazendas,
Nos casebres, nas mansões...
São por volta de trezentas
Essas manifestações.

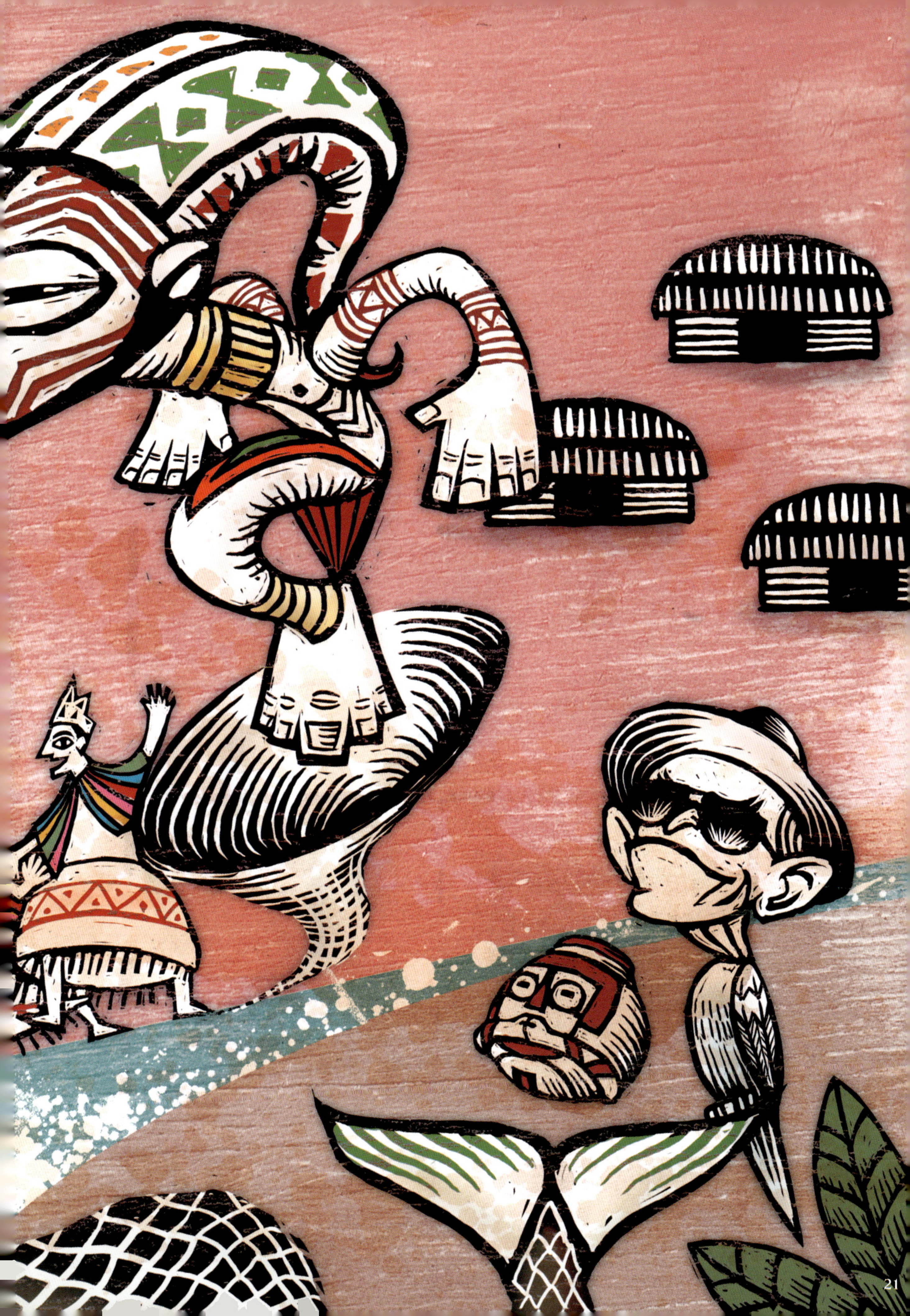

Jogo da velha e da onça,
Perna de pau e peteca,
Baladeira, corrupio,
Brincadeira de boneca,
Macaca, bambolê, pipa,
Circo, palhaço e rabeca.

Semana Santa, Natal,
As histórias que dão medos,
Missa de renovação,
Contos de fada, folguedos,
Pião, carrapeta, bila,
Bodoque e outros brinquedos.

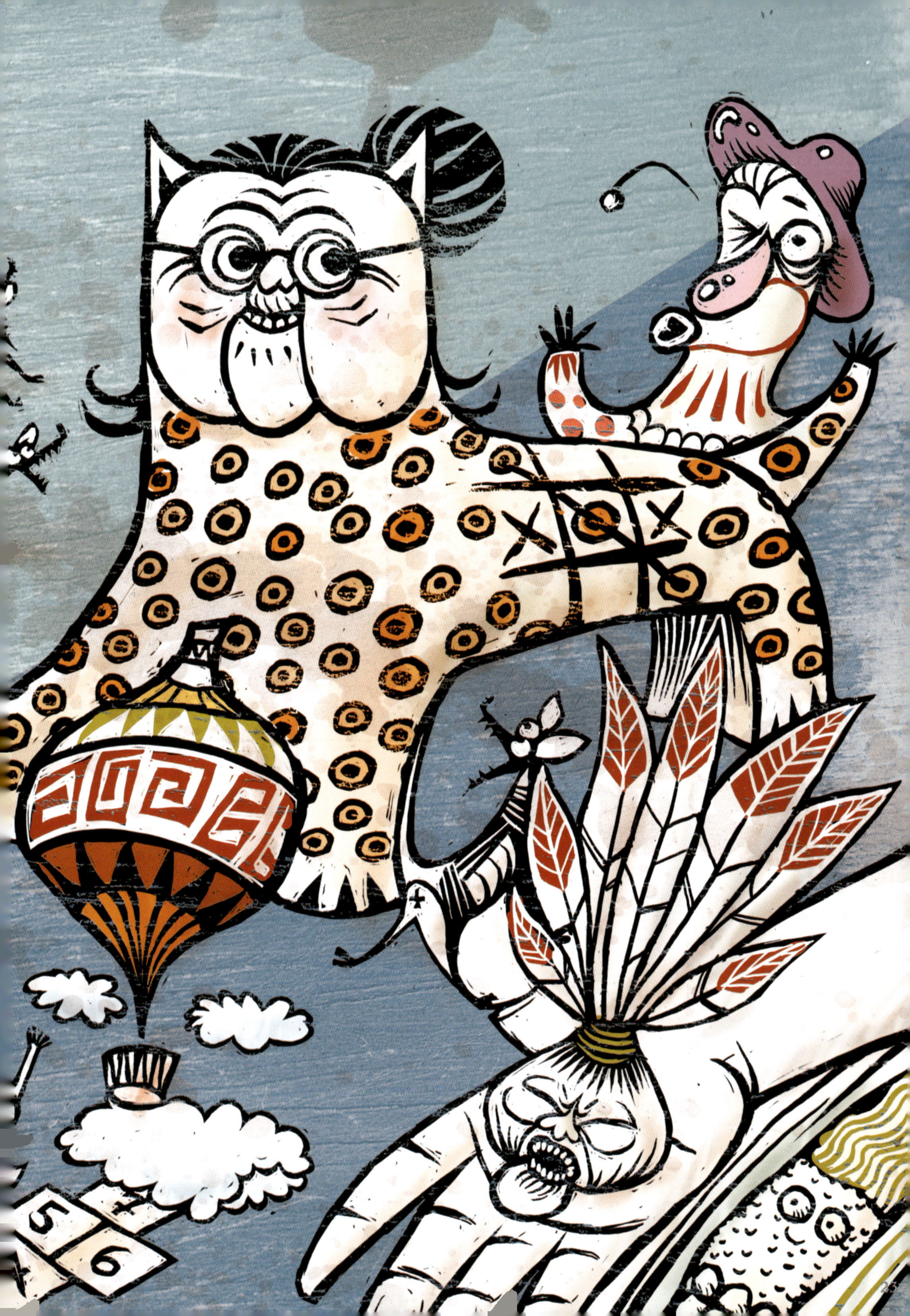
5
6

O artesanato, a cerâmica,
A cantiga da cigarra,
O cavaquinho, a viola,
Banjo, bandolim, guitarra,
O gaúcho, o sertanejo,
O boi manso, a almanjarra.

Um cordelista, um coquista,
Um balão cortando o ar,
Os mistérios da sereia
Nas profundezas do mar,
Isso tudo são retratos
Da cultura popular.

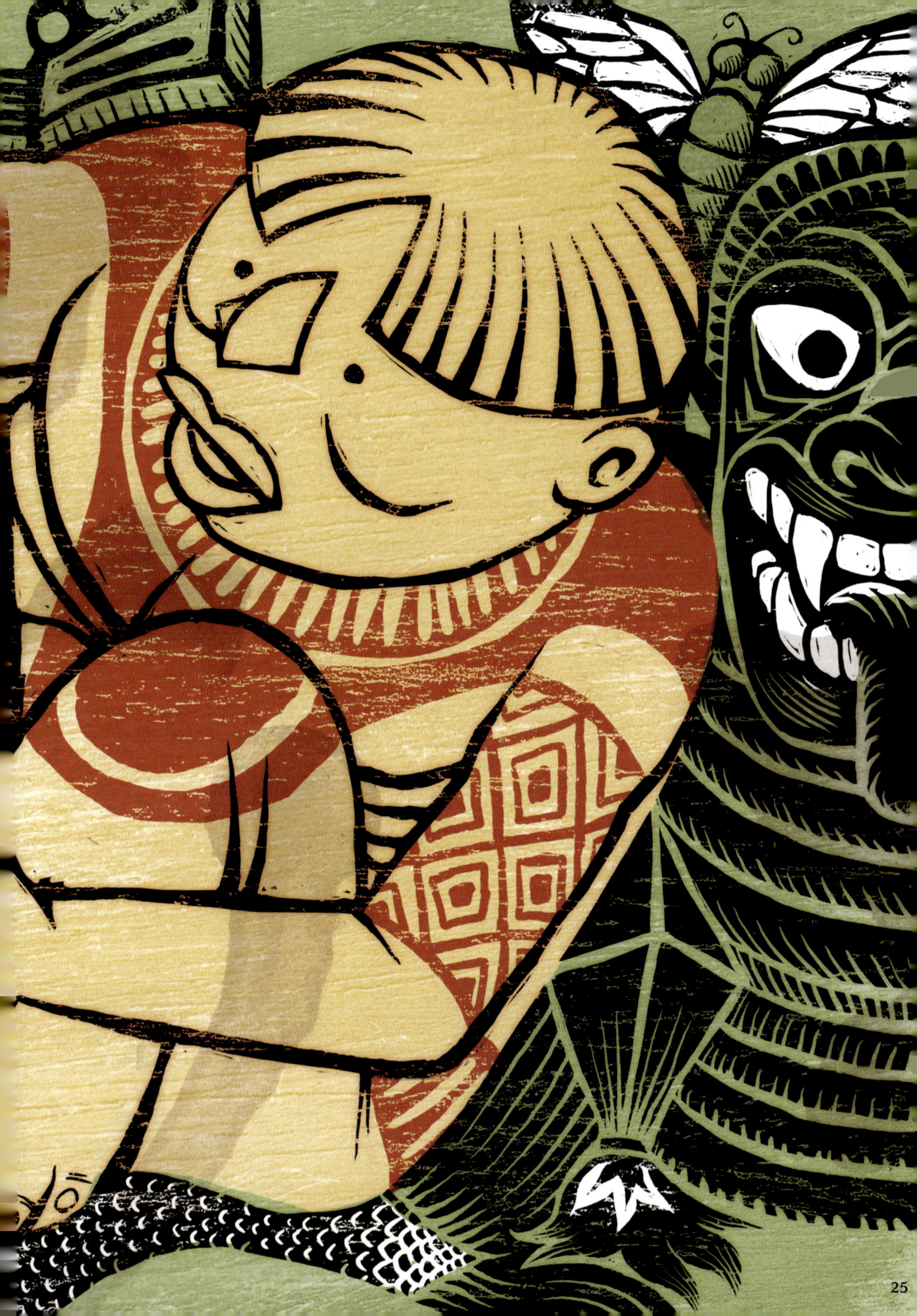

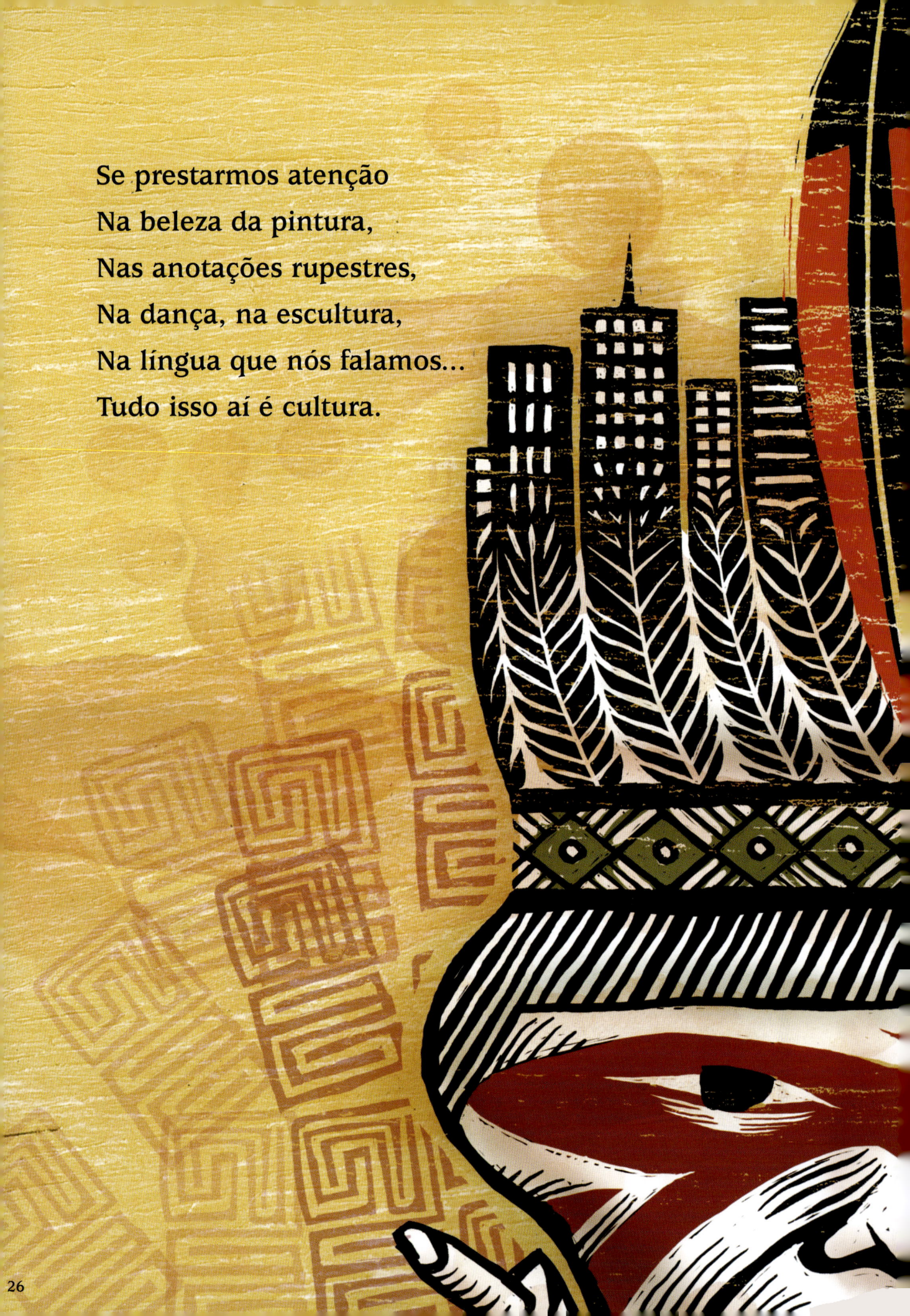

Se prestarmos atenção
Na beleza da pintura,
Nas anotações rupestres,
Na dança, na escultura,
Na língua que nós falamos...
Tudo isso aí é cultura.

E se a gente analisar,
O que é mais importante:
A cultura da cidade
Ou do sertão causticante?
O que dizer das elites
Ou da cultura Xavante?

Ela está associada
A estudo, educação,
Mas é também futebol,
É rádio, televisão,
É cinema e é teatro,
E tudo que é diversão.

É triste ser descuidado
E se tornar um adulto
Que não assimila um texto
E que mal distingue um vulto.
Por outro lado é bonito
O ser humano que é culto.

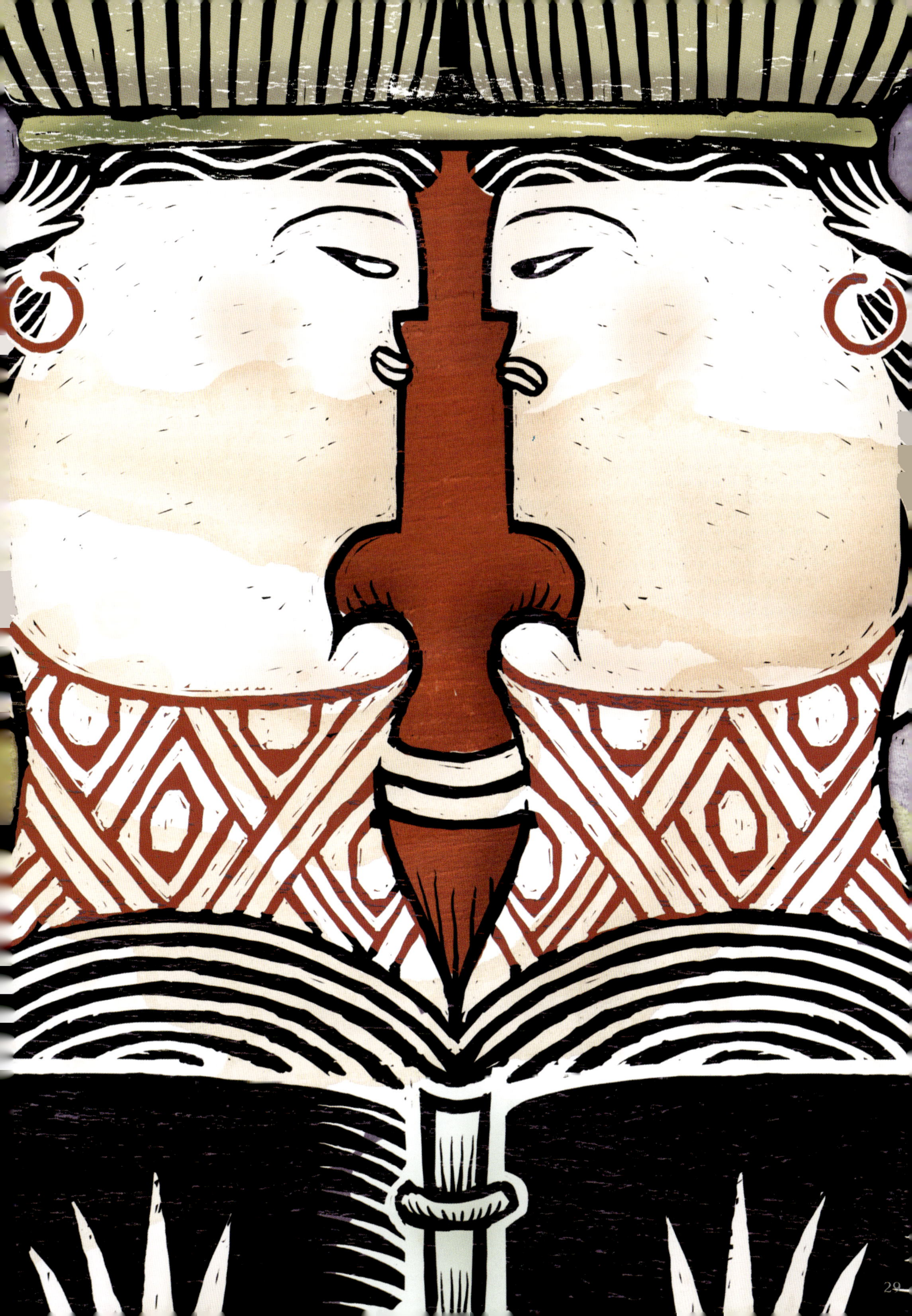

E cultura a gente arranja
Se observar com cuidado.
Minha mãe já me dizia
Que um homem culto, educado,
É assim porque lê muito
Buscando ser melhorado.

Então saiba você que,
Para se arranjar cultura,
É preciso se "antenar",
Exercitar a leitura
E passar a vida toda
Numa constante procura.

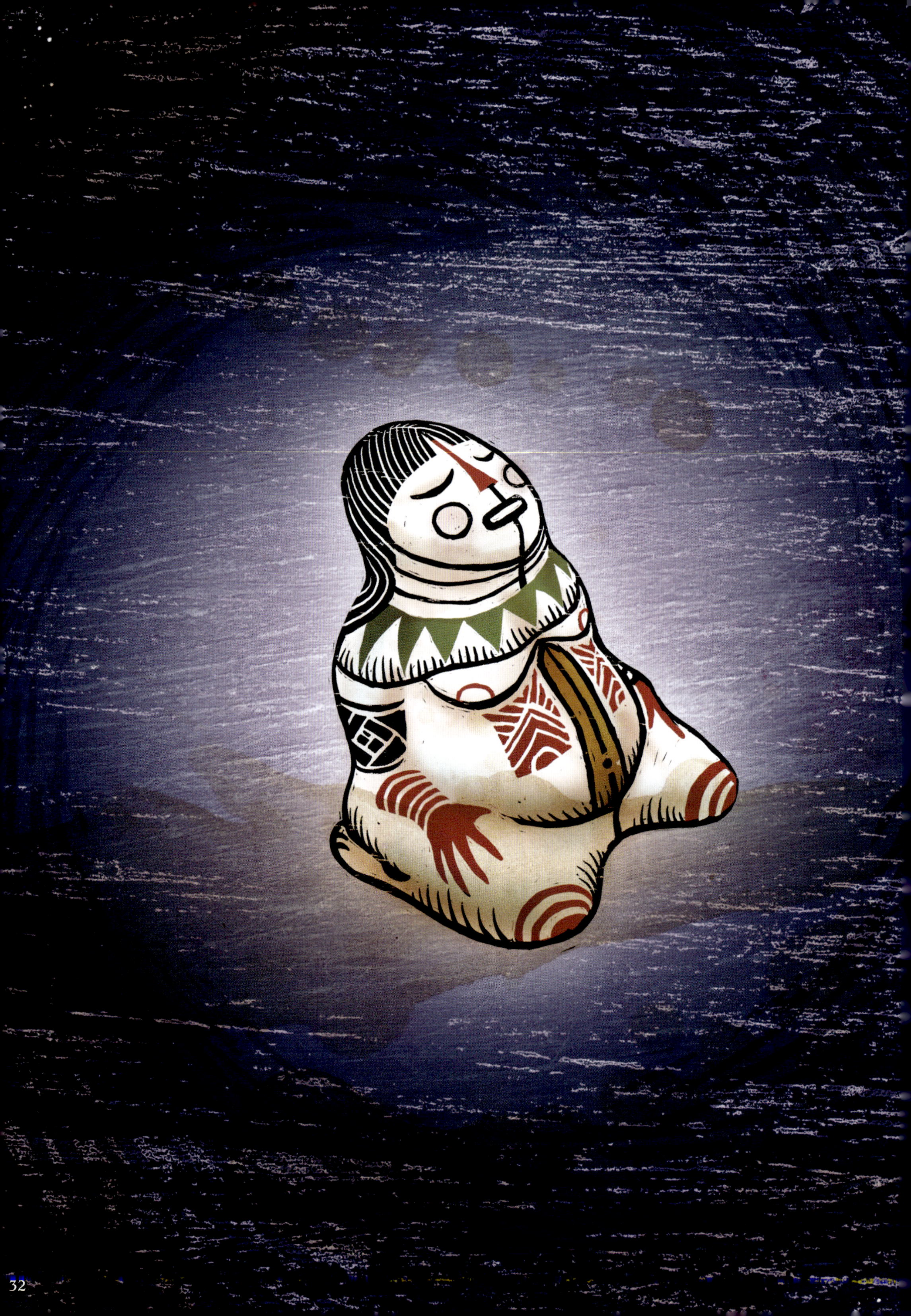

Ou numa constante busca
Por muitas informações,
Conversar com quem conhece,
Assimilar as lições,
Atentar para os costumes
E questionar os sermões.

E não se esqueça de que
Todo começo tem fim.
O que é bom já nasce feito,
E eu tenho pensado assim:
Se é cultura verdadeira
Mande pra perto de mim.

Você, que estuda e pesquisa,
É importante que não
Confunda (jamais) cultura
Com escolarização,
Ou verniz ornamental,
Ou livresca erudição.

Agora cabe a você
Não gastar seu tempo à toa.
Nessas questões de cultura,
Evite o cara/coroa.
Faça uma análise, pondere,
Vá atrás, reconsidere,
Nós temos cultura boa.

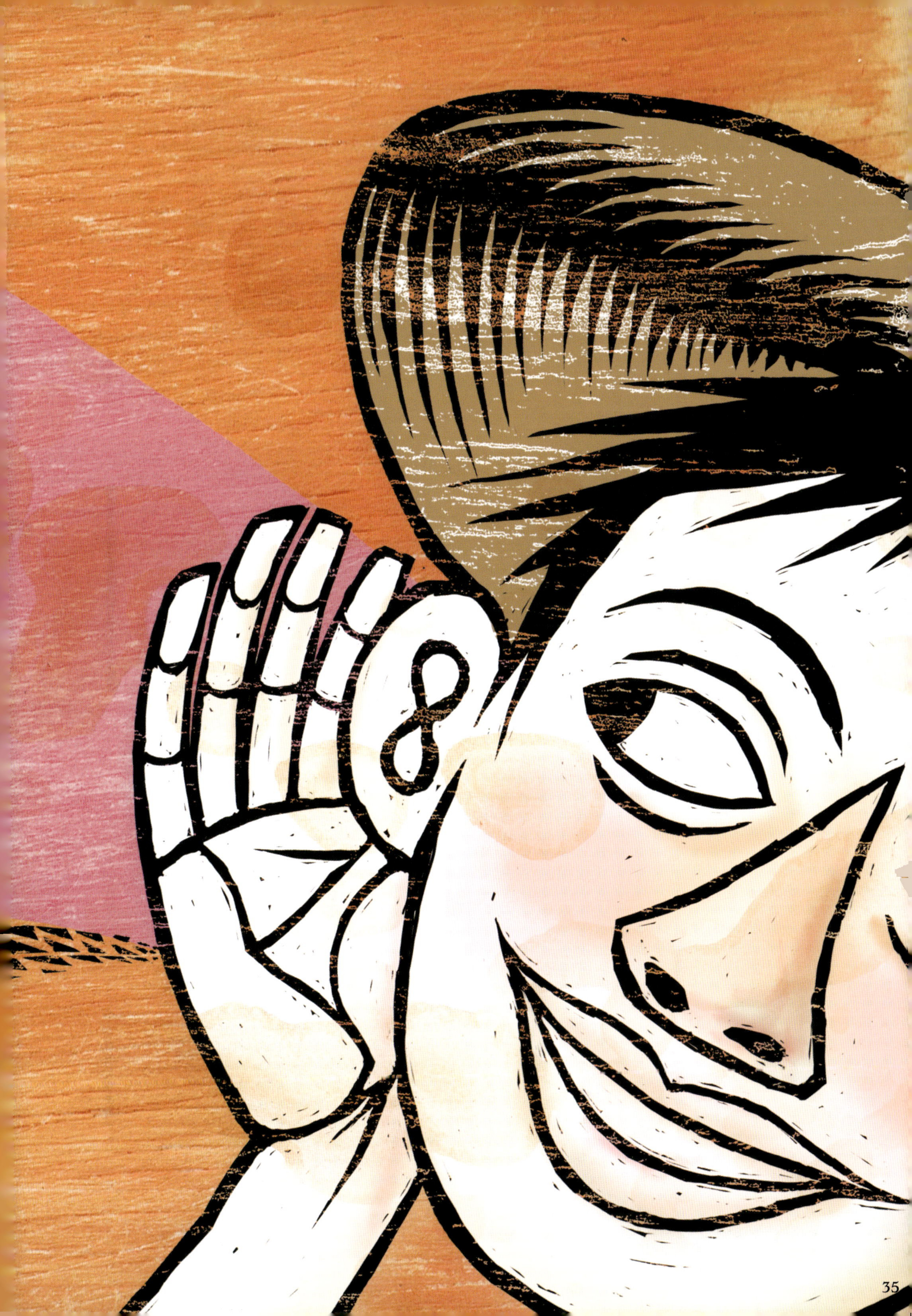

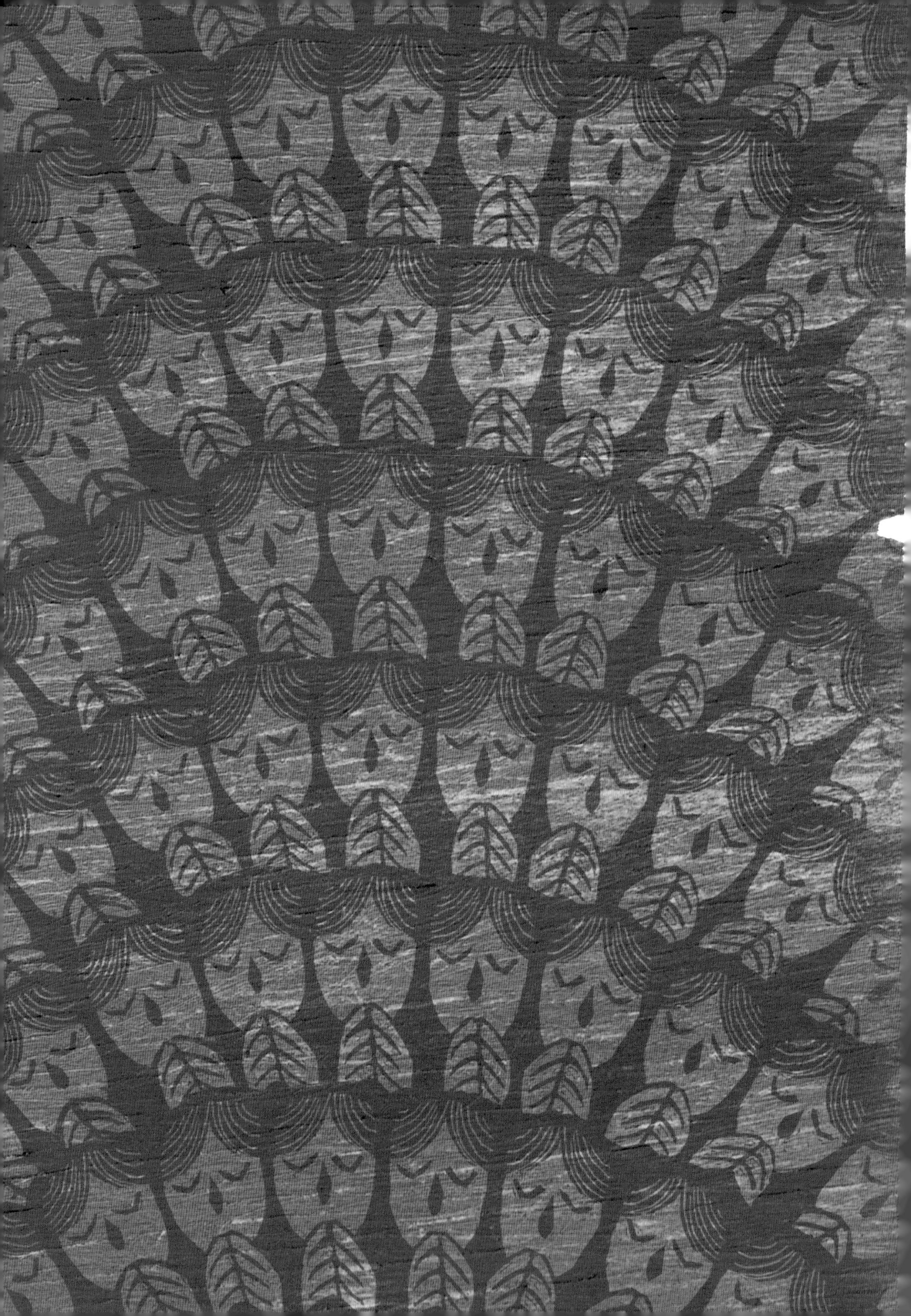